Kirchen und Klöster
Landkreis Harz

Arnhold & Kotyrba

Innenstadt Halberstadt, Luftbild um 1935

Sakrale Baukunst im Landkreis Harz	4
Halberstadt, Dom St. Stephanus und Sixtus	8
Halberstadt, Liebfrauenkirche	14
Halberstadt, Stadtpfarrkirche St. Martini	18
Halberstadt, Zisterzienserinnen-Klosterkirche St. Burchardi	20
Quedlinburg, Stiftskirche St. Servatius	22
Quedlinburg, Pfarrkirche St. Blasii	26
Quedlinburg, Marktkirche St. Benedikti	28
Quedlinburg, St. Wiperti	30
Ermsleben-Konradsburg, Benediktiner-Klosterkirche St. Sixtus	32
Ballenstedt, Benediktiner-Klosterkirche St. Pankratius und Abundus	34
Gernrode, Stiftskirche St. Cyriakus	36
Blankenburg, Zisterzienserkloster Michaelstein	40
Wernigerode, Oberpfarrkirche St. Sylvestri	44
Drübeck, Benediktinerinnen-Klosterkirche St. Vitus	46
Ilsenburg, Klosterkirche St. Peter und Paul	50
Osterwieck, Stephanikirche	54
Huysburg, Benediktinerkloster St. Marien	56
Literaturverzeichnis	60

Sakrale Baukunst im Landkreis Harz

Der am 1. Juli 2007 aus den ehemaligen Kreisen Halberstadt, Quedlinburg und Wernigerode sowie der Stadt Falkenstein neu geschaffene Landkreis Harz umfasst den Nordostharz und das nordöstliche Harzvorland. Er ist außerordentlich reich an Bau- und Kunstdenkmälern, wobei die architekturgeschichtlichen Schätze ein Jahrtausend abendländischer Baugeschichte umfassen.

Neben Burgen, Schlossanlagen und Fachwerkstädten spielt die Kirchen- und Klosterbaukunst mit Werken von teilweise internationalem Rang eine entscheidende Rolle in der Architekturlandschaft dieser Region. Das Spektrum reicht von der frühromanisch-ottonischen Architektur bis zu den Kirchenbauten aus Barock, Klassizismus und Historismus. Eine wahre Fülle hoch- und spätromanischer Kirchen und Klosteranlagen ist hier zu entdecken. Ein weiterer Höhepunkt ist die gotische Kathedralarchitektur des Halberstädter Doms.

Das Gebiet des heutigen Landkreises Harz liegt in einer Region, die in der Entstehungsgeschichte des frühen deutschen Staates eine entscheidende Rolle spielte. Karl der Große hatte das zum Stammesherzogtum Sachsen gehörende Land teilweise gewaltsam christianisiert und in das fränkische Reich eingegliedert. Mit der Gründung des Bistums Halberstadt entstand um 804 das geistliche und wirtschaftliche Zentrum für den östlichen Harzraum.

Nach den Teilungen des fränkischen Reiches und dem Aussterben der karolingischen Herrscherlinie im ostfränkischen Reich gelangte 919 ein Angehöriger des sächsischen Hochadels zur Würde des ersten deutschen Königs: Heinrich I. Er stammte aus dem Geschlecht der Liudolfinger, die im nördlichen Harzvorland beheimatet waren. Heinrich und seine Nachfolger, die in der Geschichtsschreibung als Sachsen oder Ottonen bezeichnet werden, herrschten ein Jahrhundert lang über den jungen Feudalstaat. Heinrich I. wählte den Burgberg von Quedlinburg zu seiner Lieblingsresidenz. Hier wurde nach seinem Tod 936 eines der bedeutendsten hochadeligen Damenstifte seiner Zeit gegründet.

Unter seinem Nachfolger, Otto I., dem Großen, konnten die wiederholten, verheerenden Einfälle ungarischer Reitertruppen endgültig gebannt werden. Die Folge war eine nachhaltige Stabilisierung der Verhältnisse. Ein enger Vertrauter Ottos, Markgraf Gero, stiftete 961 das Damenstift Gernrode, dessen Kirchenbau aus ottonischer Zeit weitgehend erhalten blieb. Es ist eines der wichtigsten Baudenkmäler dieser Epoche in Deutschland.

Die Blüte des Bau- und Kunstschaffens erstreckte sich im Harzraum über das gesamte 11. und 12. Jahrhundert, der Epoche der Salier- und Stauferkaiser. Davon zeugen der Neubau der romanischen Stiftskirche in Quedlinburg und weitere hochrangige Stifts- und Klosteranlagen im Kreisgebiet.

Mit dem Beginn des gotischen Neubaus der Bischofskirche von Halberstadt um 1236 begann ein neuer Abschnitt im Bau- und Kunstschaffen. Trotz einer von Unterbrechungen gekennzeichneten Bauzeit von über 250 Jahren entstand in Halberstadt eine einheitlich wirkende Kathedrale, die zu den schönsten in Mitteleuropa

Schlossberg Quedlinburg
Westansicht mit Stiftskirche St. Servatii um 1935

Burchardikirche Halberstadt
Chorumgang

Schema eines romanischen Kirchenbaus

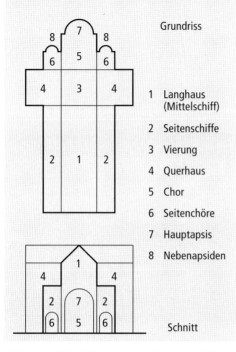

1. Langhaus (Mittelschiff)
2. Seitenschiffe
3. Vierung
4. Querhaus
5. Chor
6. Seitenchöre
7. Hauptapsis
8. Nebenapsiden

zählt. Zur gleichen Zeit gewannen die jungen Städte an wirtschaftlicher und auch politischer Macht. Die Stadtbürger konnten nun ebenfalls als Bauherren sakraler Architektur auftreten. Davon zeugen die Stadtpfarrkirchen in Halberstadt, Quedlinburg und Osterwieck.

Mit Beginn der Frühneuzeit, der Renaissance, erlosch als Folge der Reformation die kirchliche Bautätigkeit fast vollständig. Diese Epoche ist daher mit kirchlichen Baudenkmälern in der Region nicht durch nennenswerte Beispiele vertreten. Das gilt jedoch nicht für die Ausstattung bereits vorhandener Sakralbauten mit neuen Kanzeln, Altären oder Taufsteinen.

In der Zeit des Barocks, der Epoche zwischen dem Ende des 30-jährigen Krieges und der 2. Hälfte des 18. Jahrhunderts, wurden wieder Kirchenneubauten errichtet oder vorhandene Gebäude umgestaltet. Zahlreiche neue Altäre und Orgeln wurden geschaffen. Auch im 19. und 20. Jahrhundert entstanden Kirchenbauten im Stil des Klassizismus und Historismus, die jedoch in ihrer Bedeutung hinter den mittelalterlichen Beispielen zurückstehen.

Die starken Kriegszerstörungen, die Halberstadt leider noch kurz vor Ende des 2. Weltkrieges trafen, konnten an den drei bedeutendsten Kirchenbauten dieser Stadt bereits in den späten 1940er und frühen 50er Jahren behoben werden. Dies kann in Anbetracht der damaligen Zeitumstände nur als kulturelle Großtat gewürdigt werden.

Der Landkreis Harz stellt mit seinen angrenzenden Gebieten sowohl in Sachsen-Anhalt als auch in Niedersachsen ein Kernland der romanischen Baukunst Mitteleuropas dar.

Einige der wichtigsten und schönsten Kirchenbauten und Klosteranlagen werden hier in Wort und Bild dargestellt. Als Verfasser möchten wir zum Besuch dieser einzigartigen Kulturgüter anregen.

Halberstadt, Dom St. Stephanus und Sixtus

Der Dom zu Halberstadt befindet sich am östlichen Ende des langgestreckten Domplatzes. Dieser markiert im Stadtbild den einstigen Kern der mittelalterlichen Bischofsstadt. Er war bis in das späte Mittelalter mit einer eigenen Befestigung umgeben und somit als Domburg ausgebaut.

Das 804 gegründete Bistum gehört zu den in der Karolingerzeit in Norddeutschland gegründeten Bischofssitzen: Osnabrück, Münster, Bremen, Verden, Minden, Paderborn, Hildesheim und Halberstadt. Noch heute lassen sich dort die Dombezirke mehr oder weniger deutlich aus dem Stadtgefüge herauslesen. Der Domplatz in Halberstadt ist dafür ein besonders schönes Beispiel.

Mit der Liebfrauenkirche steht der gotischen Kathedrale ein hochrangiger romanischer Kirchenbau gegenüber. Er lässt den Unterschied romanischer und gotischer Baukunst eindrucksvoll erkennen. Der nördlich der Liebfrauenkirche gelegene Petershof, die Dompropstei und die barocken Kurien runden dieses beeindruckende Architekturensemble ab.

Eine erste Missionskirche wurde nach der Bistumsgründung bereits als Steinbau errichtet. Die Weihe zur Bischofskirche erfolgte 859 nach einer in zwei Bauphasen vollzogenen Erweiterung. Dieser karolingische Dom war als Basilika mit Querhaus und differenzierter Choranlage angelegt und mit einem wuchtigen Westwerk ausgestattet (vgl. Kloster Corvey/Weser). Nach dem Einsturz 965 wurde der Dom, auch in Konkurrenz zu dem von Otto I. 968 neu gegründeten Erzbistum Magdeburg, neu errichtet. Die Weihe dieses stattlichen Baus erfolgte bereits 992. Die Gestalt des ottonischen Dombaus konnte durch Grabungen in den 1950er Jahren dokumentiert werden. Es handelte sich um eine dreischiffige Basilika mit flachen Decken. Die Seitenschiffe wurden vom Mittelschiff mit einem sogenannten rheinischen Stützenwechsel (Pfeiler-Säule-Pfeiler, siehe Seite 58) abgeteilt. Abermals wurde ein Westwerk errichtet.

Nach der Belagerung und Zerstörung Halberstadts durch Heinrich den Löwen 1179 wurde die Bischofskirche wieder aufgebaut und bis 1220 mit Gewölben ausgestattet.

1209 begann in Magdeburg ein monumentaler Domneubau. Wieder entstand eine Konkurrenzsituation zwischen Halberstadt und der Elbemetropole. So her-

---

Gotik in Deutschland (ca. 1250-1525)
Die *Sakralarchitektur* erreichte in der Gotik mit den *Kathedralen* einen absoluten Höhepunkt. Die Bauten zeigen mit ihren typischen *Spitzbögen*, steilen Proportionen, hohen *Gewölben*, riesigen Fenstern und dem kunstvollen *Strebewerk* eine bis dahin nicht gekannte konstruktive Kühnheit.
Die Epoche war aber auch eine *Blütezeit der Städte* mit einer großartigen Bautätigkeit der Kommunen (Rathäuser) und Stadtbürger.
Der Begriff Gotik wurde von dem italienischen Renaissancekünstler Giorgio Vasari eingeführt, um sie gegenüber der klassisch-antiken Kunst abzuwerten.

ausgefordert, initiierte das Halberstädter Domkapitel in den 1230er Jahren (spätestens 1239) den Neubau ihrer Domkirche. Im Unterschied zu den meisten mittelalterlichen Kirchenbauten wurde hier zunächst der Westbau errichtet. Auf diese Weise konnte der alte Dom weiterhin genutzt werden.

Der Westbau hebt sich von den später errichteten Gebäudeteilen ab. Er zeigt Architekturformen, die in den ersten Jahrzehnten des 13. Jahrhunderts durch den Zisterzienserorden Eingang in die Architektur der Region fanden. Dies gilt besonders für das reich gegliederte Westportal und das Radfenster. Entsprechende frühgotische Formen kann man, ausgehend von der Zisterzienserkirche in Walkenried, u.a. am Magdeburger Dom und in Halberstadt an der Zisterzienserkirche St. Burchardi (siehe Seite 20/21) nachweisen. Auch der Domkreuzgang und der Remter im Süden des Westbaus wurden bereits in der ersten gotischen Bauperiode weitgehend neu errichtet.

Der Blick auf die Westfassade zeigt, dass ursprünglich vor dem Portal eine dem Fassadenaufbau entsprechend dreischiffige Vorhalle (Paradies) errichtet worden ist. Diese verschwand vermutlich im 16. Jahrhundert. Die oberen Bereiche des Westbaus und die eigentlichen Türme sind im 19. Jahrhundert erneuert worden. Die heutige Gestalt der eleganten Turmfront stammt aus den Jahren 1882-96.

In den Seitenschiffen zeigt der Blick auf die Ostseite des Turmwerks, wie der Kirchenbau von hier aus weitergeführt werden sollte. Um 1260 wurden diese Pläne jedoch zugunsten eines höheren Kirchenschiffs in den inzwischen aktuellen Formen der französischen Hochgotik geändert. Davon zeugen die ersten drei auf den Westbau folgenden Gebäudeachsen (Westjoche) des Langhauses. Diese zeigen in der Ansicht von Norden eine von der Konstruktion bestimmte Architektur. Sie sind mit ihren Strebepfeilern und -bögen sowie großen Maßwerkfenstern ein Musterbeispiel hochgotischer Baukunst. Die Figurenbaldachine an den Strebepfeilern gehen direkt auf das Vorbild der Kathedrale von Reims zurück. Das Mittelschiff der Basilika erreicht eine innere Höhe von 27 m.

Gegen Ende des 13. Jahrhunderts erfolgte eine lange Bauunterbrechung. Die östlichen Teile des alten Doms blieben bestehen. Erst um 1350 wurden die Arbeiten wieder aufgenommen. Im Ostteil begann die Errichtung der Chorscheitelkapelle St. Marien. Bis zur Weihe des Doms 1401 entstand der Chor. Er ist mit seinen umlaufenden Seitenschiffen in den Breiten- und Höhenmaßen an den bereits vorhandenen drei Westjochen orientiert. Der Außenbau des Chores zeigt eine wesentlich reichere Formensprache als die hochgotischen Westjoche.

Über Jahrzehnte präsentierte sich der Dom als Torso, ähnlich wie der Dom zu Köln vor seiner Fertigstellung im 19. Jahrhundert. Zwischen Chor und Westbau blieben Teile des deutlich niedrigeren alten Doms vorerst erhalten. Die bauliche Vollendung durch Ergänzung der fehlenden Teile des Langhauses sowie die Errichtung des Querhauses wurde 1491 durch eine feierliche Schlussweihe gekrönt. Die Bauabschnitte lassen sich am Außenbau in den Details gut unterscheiden. Im Innenraum zeigen die Gewölbe in Vierung und Querhaus Sternformen (Sterngewölbe) und weisen damit auf die späteste Bauperiode hin.

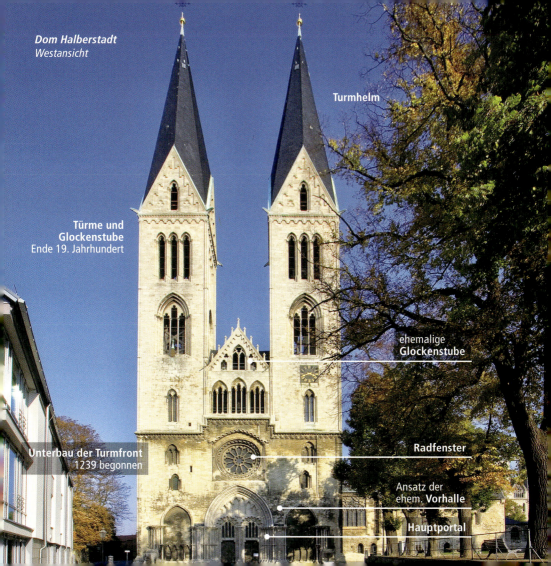

Trotz der langen Bauzeit präsentiert sich der Halberstädter Dom im Gesamtbild durchaus einheitlich. Dies zeigt besonders das Innere der Kathedrale mit seinen steilen Proportionen. Das Mittelschiff betont die Längsachse und zieht den Blick sowohl auf den Chorbereich im Osten als auch in die Vertikale auf die Gewölbe. Die der gotischen Architektur eigene Vertikaltendenz wird durch die **Bündelpfeiler** mit ihren bis an die Gewölbeanfänge reichenden Rundstäben, den Diensten, stark unterstrichen.

Mit dem 1514 vollendeten **Lettner** am Übergang von Langhaus und Querschiff zum Chorbereich erhielt der Innenraum eine letzte bauliche Ergänzung. Er zeichnet sich durch eine originelle spätgotische Architektur aus. Lettner und Chorschranken umgrenzen den eigentlichen Hochchor, welcher ursprünglich dem Bischof und den hohen Geistlichen des Domkapitels vorbehalten war. Davon zeugt noch das um 1400 entstandene hölzerne Chorgestühl mit seinem reichen Schnitzwerk.

Die mittelalterliche Ausstattung des Doms ist in ungewöhnlicher Vollständigkeit erhalten. Ein herausragendes Werk ist hier die über dem Lettner platzierte Triumphkreuzgruppe, die noch vor dem Domneubau um 1220 für den alten Dom geschaffen worden war. Bedeutend sind auch die zu einer gotischen Kathedrale gehörenden Glasmalereien aus dem 14. Jahrhundert, besonders in der Marienkapelle.

Mit dem seit 2008 in einer völlig neuen Dauerausstellung präsentierten Domschatz gehört der Halberstädter Dom zu den bedeutenden Kunststätten Europas.

Kreuzgratgewölbe

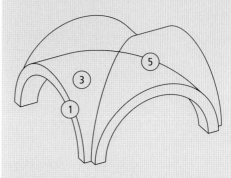

Kreuzrippengewölbe

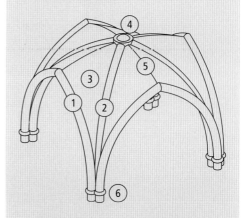

1 Gurtbogen
2 Kreuzrippe
3 Gewölbekappe
4 Schlussstein
5 Grat
6 Kämpfer

Halberstadt, Liebfrauenkirche

Die Liebfrauenkirche ist die einzige viertürmige romanische Basilika im mittel- und norddeutschen Raum. Sie beherrscht eindrucksvoll den östlichen Domplatz und das Stadtquartier unterhalb des benachbarten Petershofes, der ehemaligen Bischofsresidenz.

Im Jahr 1005 gründete der Halberstädter Bischof Arnulf das Liebfrauenstift. Das bedeutende Kollegiatstift wirkte bis ins 15. Jahrhundert und über den Harzraum hinaus.

Aus der unmittelbaren Gründungszeit ist vermutlich keine Bausubstanz erhalten. Die hochromanische Pfeiler-Basilika mit ihrem flach gedeckten Kirchenschiff ist im Wesentlichen zwischen 1089 und 1146 entstanden. Sie beeindruckt durch eine klare Fügung kubischer Baukörper und harmonischer Proportionen sowohl am Außenbau als auch im Inneren der Kirche. Damit gibt sie ein Hauptprinzip romanischer Sakralarchitektur wieder.

Im Grundriss zeigt die Liebfrauenkirche einen massiven, kantigen Westbau, ein dreischiffiges Langhaus, ein **Querhaus** sowie einen **Chor**, welcher von **Seitenschiffen** flankiert wird und entsprechend mit drei halbrunden Chorabschlüssen (**Apsiden**) ausgestattet ist. Der Kreuzungsbereich von Langhaus und Querschiff ist quadratisch und gibt im Grundriss die Maße für den ebenfalls quadratischen Chor und die Querarme vor. Dessen Bauweise mit seinen flankierenden Seitenschiffen geht auf die Architektur der

Romanik in Deutschland (ca. 1000-1250)
Die Romanik gilt als die erste große abendländische Kulturepoche. Die Vorstufen in der Karolinger- und Ottonenzeit (9. und 10. Jahrhundert) werden meist zur Romanik hinzugezählt.
Die mit Abstand wichtigste Bauaufgabe war der *Sakralbau* mit seinen Dom- und Stiftskirchen sowie *Klosteranlagen*. Daneben entstanden monumentale *Burgen und Pfalzen*.
Die Bauten wirken durch *klare Fügung einfacher Baukörper* und kräftige Mauerstärken. Hauptmerkmal der Epoche ist der in immer neuen Variationen eingesetzte *runde Bogen*.
Im Verlauf des 12. Jahrhunderts wurde die flache Eindeckung von Kirchenräumen durch *Einwölbungen* abgelöst.

Hirsauer Reformklöster zurück. Im Kloster Hirsau im Nordschwarzwald wurden die klösterlichen Reformbewegungen des späten 11. Jahrhunderts aufgegriffen und verbreitet. Die Reformen gehen letztlich auf das hochbedeutende Benediktinerkloster Cluny in Burgund zurück. Damit verbunden war eine klösterliche Sakralbaukunst von eigener Qualität, die auch in der Harzregion starke Verbreitung fand (vgl. Ilsenburg, Konradsburg).

Das Langhaus ist als schlichte Pfeilerbasilika gestaltet, wobei ein feiner, rhytmischer Wechsel in den Pfeilerbreiten erkennbar ist. Die Obergadenfenster, die das Mittelschiff von oben belichten, haben ein vergleichsweise großes Format. Sie sorgen mit ihrer heute neutralen Verglasung für einen hellen Kirchenraum. Über den Anschlüssen der Seitenschiffe an das Querhaus erheben sich die **Osttürme**, die oberhalb der Dachtraufen achteckig ausgebildet sind. Im Kircheninnern wird dies durch die Abschrankung der entsprechenden quadratischen Seitenschiffbereiche und der hier fehlenden **Obergaden**fenster deutlich. Auch dieses Architekturmotiv ist ein Kennzeichen für die Baukunst der „Hirsauer Reform". Der östliche Bereich von Langhaus und Seitenschiffen war als „chorus minor", dem erhöhten Chorbereich der Kirche, vorgelagert. Während **Vierung** und **Chor** der Geistlichkeit vorbehalten waren, fanden die Anwärter vor der endgültigen Aufnahme in das Stiftskapitel im „chorus minor" ihren Platz.

Der im Grundriss rechteckige, riegelartig ausgebildete Westbau trägt zwei wuchtige quadratische Türme, die mit sogenannten „rheinischen Rhombendächern" abschließen. Sie wurden erst in der Zeit um 1200 fertiggestellt.

Mit der äußeren Vollendung der Kirche wurden im frühen 13. Jahrhundert auch die ursprünglich flachgedeckten Ostteile (Vierung, Querarme und Chorquadrat) mit Kreuzgratgewölben versehen. Damit erfuhren die liturgisch wichtigsten Bereiche des Sakralbaus eine zusätzliche Aufwertung.

Dazu gehören auch die ebenfalls kurz nach 1200 als Abschrankungen zwischen der Vierung und den Querarmen eingefügten Chorschranken. Sie sind jeweils außenseitig mit Stuckreliefs der zwölf Apostel sowie Christus und Maria versehen. Diese sind mit ihrer großenteils erhaltenen Farbigkeit und der lebendigen Gestaltung als einzigartig zu werten. Bedeutend ist auch das aus der Zeit um 1225/50 stammende Triumphkreuz am westlichen Vierungsbogen. Auf die ursprüngliche Ausmalung des Kirchenraums weisen geringe Reste von Prophetenfiguren zwischen einigen der Obergadenfenster hin, die im 19. Jahrhundert noch gut sichtbar waren und in Pausen überliefert sind.

Im Anschluss an das Südseitenschiff und die gotischen Klausurgebäude befindet sich eine spätromanische Taufkapelle (Ende 12. Jh.). Sie präsentiert sich als kleiner Gewölbebau mit reicher Bauplastik und einem später angefügten gotischen Chor. Erwähnenswert ist auch die an das südliche Seitenschiff angefügte Barbarakapelle von ca. 1345. Sie zeigt Fresken sowie einen bedeutenden Flügelaltar der Zeit um 1420.

Aus dem 14. Jahrhundert stammt das Westportal. Dieses Spitzbogenportal führt in den ebenfalls in dieser Zeit entstandenen, westlich vorgelagerten Klausurbereich mit seinem stimmungsvollen Kreuzgang.

In den Jahren 1840-48 wurde die Liebfrauenkirche unter Leitung des preußischen Konservators Ferdinand von Quast restauriert. Eine umfasssende Wiederherstellung war nach der Beschädigung im 2. Weltkrieg von 1946-54 erforderlich. Die jüngsten Sanierungsmaßnahmen konnten 2003 abgeschlossen werden.

Zusammen mit der gotischen Kathedrale des Doms und der außerhalb des Domberges gelegenen Martinikirche bildet die Liebfrauenkirche eine einzigartige Stadtkrone, die weithin ihresgleichen sucht.

*Liebfrauenkirche Halberstadt
Mittelschiff nach Osten*

Martinikirche Halberstadt
Nordseitenschiff nach Westen

Halberstadt, Stadtpfarrkirche St. Martini

Die Martinikirche war die Hauptpfarrkirche der Bürgerstadt. Sie beherrscht das nach der vollständigen Kriegszerstörung erst in den 1990er Jahren wiederaufgebaute Geschäftszentrum Halberstadts. An den am 8. April 1945 erfolgten Bombenangriff erinnern die am südlichen Zifferblatt der Turmuhr auf 11.28 Uhr eingestellten Zeiger, die damals zu diesem Zeitpunkt stehen blieben. Die Wiederherstellung der Kirche dauerte bis 1961.

In den norddeutschen Bischofsstädten bildeten sich im Umfeld der ummauerten Bischofsburgen Niederlassungen von Handwerkern und Kaufleuten. So auch in Halberstadt, wo die Bischöfe bereits 989 das Markt-, Münz- und Zollrecht erhielten. Aus dem frühen Siedlungsbereich gingen das spätere Stadtzentrum mit Holz- und Fischmarkt sowie Rathaus und Stadtpfarrkirche hervor.

St. Martini wurde 1186 erstmals erwähnt. Romanische Bausubstanz hat sich lediglich im Bereich der Vierung erhalten. Die heutige Kirche entstand im wesentlichen im Verlauf des 13. und 14. Jahrhunderts. Die älteren Gebäudeteile sind der im Osten errichtete dreischiffige Chor und das Querhaus. Sie stammen aus der 2. Hälfte des 13. Jahrhunderts. Der Chor zeigt den Querschnitt einer Basilika. Während die niedrigen Chorseitenschiffe gerade enden, zeigt der Hauptchor einen mehreckigen (polygonalen) Abschluss mit Strebepfeilern.

In der 1. Hälfte des 14. Jahrhunderts erfolgte ein tiefgreifender Planwechsel. In dieser Zeit entstand das Langhaus als weiträumige dreischiffige Hallenkirche. Hier sind die drei Kirchenschiffe gleich hoch und auch

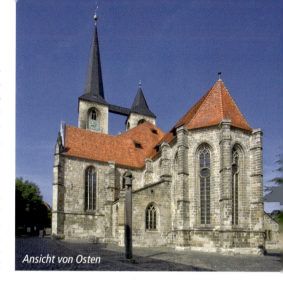

Ansicht von Osten

gleich breit. Dies ergibt ein völlig anderes Raumbild als im Chorbereich oder auch im Halberstädter Dom mit seinen steilen Proportionen. Die **Rundpfeiler** innerhalb der Halle sind mit den vierseitig angesetzten, schlanken Stützgliedern (**Diensten**) typisch für Hallenkirchen dieser Zeit.

Im Zusammenhang mit dem Hallen-Langhaus entstand eine wuchtige Doppelturmfront. Sie besitzt kein Portal und weist zwei unterschiedliche Turmhelme auf. Der niedrigere Turmaufsatz beherbergte die Türmer-Stube, während der Spitzhelm dem Türmer einen weiten Rundblick gestattete.

Der Barockaltar von 1696 und die Renaissancekanzel (1595) sind schöne Beispiele der nachreformatorischen Ausstattung.

Halberstadt
Zisterzienserinnen-Klosterkirche St. Burchardi

Diese von dem Halberstädter Bischof Dietrich 1186 gegründete Klosteranlage war anfangs als Prämonstratenserstift angelegt. Sie ersetzte eine von Bischof Burchard I. (1036-59) gestiftete Kapelle. Das Stift, welches zwischenzeitlich dem Templerorden unterstand, wurde nach 1208 in ein der Hl. Maria und St. Jakobus geweihtes Zisterzienserinnenkloster umgewandelt.

Die weiträumige Klosteranlage befindet sich unmittelbar nordwestlich der Innenstadt vor dem ehemaligen Burcharditor. Neben der Kirche sind der Torbau, Wirtschaftsgebäude und ein klassizistisches Herrenhaus erhalten geblieben.

Der wohl unmittelbar nach 1208 begonnene Kirchenbau zeigt ein einschiffiges, kurzes **Langhaus**. Hauptchor und **Querarme** sind, entsprechend der Vierung, quadratisch ausgebildet. Der gerade abschließende Chor besitzt einen Umgang, welcher die nicht mehr vorhandenen Seitenschiffe des Langhauses fortsetzt. Das Motiv eines geraden Chorabschlusses mit Umgang ist typisch für die Zisterzienserarchitektur dieser Epoche (vgl. Braunschweig-Riddagshausen). Die ehemaligen **Ansätze der Langhaus-Seitenschiffe** sind an den Querarmen noch gut erkennbar. Mit ihrem 1711 erfolgten Abbruch wurde das **Seitenschiffportal** an die Mittelschiffsüdwand versetzt.

Chor und Querhaus sind in sauberem Quadermauerwerk errichtet und sollten ursprünglich mit Kreuzgratgewölben überdeckt werden. Im Chorumgang sind Kreuzgratgewölbe vorhanden. In der Mittelachse des

Blick von Westen in Querhaus und Chor

Umgangs befindet sich eine halbrunde, am Außenbau nicht sichtbare Nische. Das **Westportal** zeigt bereits frühgotische Formen.

Im frühen 18. Jahrhundert erfolgte nach dem Abbruch der Seitenschiffe der Einbau von Langhaus-Emporen. Davon zeugen die hier aufgestellten Holzsäulen. Zudem wurden hölzerne Gewölbe eingezogen, von denen heute noch die Anfänge sichtbar sind. Nach der Aufhebung des Klosters 1808 wurde die Kirche für landwirtschaftliche Zwecke genutzt und mit Zwischendecken versehen. In den 1990er Jahren wurde das Gebäude von den Einbauten befreit und baulich gesichert.

Seit 2001 wird in der Kirche das auf 639 Jahre angelegte Orgelstück "as slow as possible" von John Cage aufgeführt.

Stiftskirche Quedlinburg
Südostansicht

- Westbau 19. Jahrhundert
- Langhaus
- Querhaus mit Apsis
- Chor ca. 1320
- Schloss Renaissancegiebel 1613
- Seitenschiff
- Substruktion

Quedlinburg, Stiftskirche St. Servatius

Das Gebäudeensemble auf dem Schlossberg in Quedlinburg ist gleichermaßen von historischer und kunstgeschichtlicher Bedeutung. Es beherrscht eindrucksvoll das alte Stadtbild. König Heinrich I. (reg. 919-36) ließ hier eine Königspfalz errichten, welche sein beliebtester Aufenthaltsort war. Diese Pfalz beinhaltete mit ihrer Kapelle einen Vorgängerbau der heutigen Stiftskirche. Hier wurde Heinrich I. 936 beigesetzt.

Mit der Einrichtung des hochbedeutenden Damenstifts 936 wurde die Pfalzkapelle in mehreren Schritten umgebaut und erweitert. Mit 997 und 1021 sind zwei Weihedaten für den jeweiligen Abschluss der Baumaßnahmen überliefert. Nach 1021 besaß die Kirche bereits den Umfang des heutigen Gebäudes. Ein Brand im Jahr 1070 war Anlass für einen weitgehenden Neubau der Stiftskirche. Die Weihe dieses heute noch weitgehend erhaltenen hochromanischen Kirchenbaus erfolgte zu Pfingsten 1129 in Anwesenheit König Lothars III. In diesen Kirchenneubau wurden Teile der Krypta aus dem Vorgängerbau übernommen. Dazu gehört auch die Confessio, in der die Gebeine Heinrichs I. und seiner 968 verstorbenen Gemahlin Mathilde ruhen.

Die Stiftskirche ist eine dreischiffige, flachgedeckte Basilika mit **Westbau**, **Querhaus** und Chorquadrat. Querarme und **Chor** sind mit halbrunden Abschlüssen (**Apsiden**) ausgestattet. In den Ostteilen (Vierung, Querarme und Chor) befindet sich eine Krypta, deren Westteile noch dem Vorgängerbau zuzuschreiben sind. Dies ist besonders gut an den altertümlich wirkenden, pilzförmigen Säulenkapitellen und dem Stichkappen-

Krypta nach Osten

gewölbe abzulesen. Im übrigen ist die dreischiffige Krypta mit ihren kapellenartigen Anschlussräumen im Bereich der Querarme mit Kreuzgratgewölben überdeckt. Sie zeichnet sich durch hochwertige Bauplastik (Kapitelle) und eine teilweise gut erhaltene Gewölbemalerei aus.

Über der nur wenig eingetieften Krypta sind die Ostteile der Kirche erhöht und über Treppenläufe zugänglich. Sie wurden in der heutigen Form während der 1930er Jahre geschaffen. Der Chorabschluss zeigt sich nach mehreren Umbauten in stark verändertem Zustand. Um 1320 wurden das Chorquadrat und die Apsis durch einen hochgotischen **Chor** ersetzt Er hebt sich am Außenbau deutlich von der romanischen Kernsubstanz ab. Im Innenraum ist dort 1936-39 im Zusammenhang mit der Einrichtung einer NS-Weihestätte für

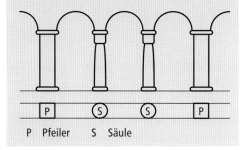

Sächsischer Stützenwechsel
Pfeiler - Säule - Säule - Pfeiler

P Pfeiler S Säule

König Heinrich I. ein neuer pseudoromanischer Chorschluss mit einer fensterlosen Apsis eingefügt worden.

In den von der Vierung abgeschrankten Querarmen wird seit 1993 der hochbedeutende Stiftsschatz ausgestellt. Der großenteils 1945 in die USA entführte Schatz konnte zu Beginn der 1990er Jahre zurückgeführt werden.

Das Langhaus präsentiert sich besonders im Blick auf die **Empore** nach Westen als wohlproportionierter Kirchenraum. Die Arkaden zu den Seitenschiffen zeigen den sogenannten **niedersächsischen Stützenwechsel**. Die **Säulenkapitelle** sind Beispiele einer außergewöhnlich qualitätvollen Bauplastik. Die Empore ist bereits ein Bestandteil des Westbaus. Sie war während der Gottesdienste der Aufenthaltsort für die Stiftsdamen. Bemerkenswert in der Architektur der Empore ist die entsprechend in vier Abschnitte gegliederte **Mittelsäule**, über die zwei Blendbögen die Emporenwand abschließen. Dieses Element der Wandgliederung ist hier erstmals in der niedersächsischen Romanik sichtbar. Das Nordseitenschiff-Portal, wo die Bogenstellung mit Winkelsäulen ausgezeichnet ist (Säulenportal), gilt ebenfalls als frühes Beispiel seiner Art.

Die Bauplastik ist ein wichtiges Charakteristikum des Bauwerks. Sie ziert nicht nur die Kapitelle, sondern belebt sowohl den Außenbau als auch das Kircheninnere mit Friesbändern. So sind außen die Dachtraufen und innen die **Gesims**zonen über den Seitenschiffarkaden im Langhaus sowie die Ansätze der Querhaus-Apsiden entsprechend ausgezeichnet. Die Vorbilder für die Reliefplastiken sind in Oberitalien lokalisierbar. Sie tauchen im nord- und mitteldeutschen Raum hier erstmals in solch einheitlicher Gestalt auf. Es ist anzunehmen, dass italienische Bauleute und Steinmetzen an der Stiftskirche mitgewirkt und so für einen Qualitätsschub gesorgt haben. Dies zeigt sich auch anhand des sauberen Quadermauerwerks.

Der Westbau wurde mit seinen beiden vierkantigen Türmen im 19. Jahrhundert weitgehend neu geschaffen. Die zugehörigen Turmgiebel mit den Spitzhelmen wurden 1945 beschädigt und sind danach mit den schlichten Pyramidendächern wiederhergestellt worden.

An den Westbau schließt das U-förmig aufgebaute Stiftsschloss an, welches trotz zahlreicher Umbauten, v.a. in der Renaissancezeit, noch große Teile romanischer Bausubstanz birgt. Die noch aus dem 10. Jahrhundert stammenden Kellergewölbe unter dem Westflügel zeigen vermutlich den Standort des Hauptgebäudes der Königspfalz an.

*Stiftskirche Quedlinburg
Langhaus nach Westen*

Blasii-Kirche Quedlinburg
Blick nach Osten

Quedlinburg, Pfarrkirche St. Blasii

Die Blasiikirche befindet sich in einer der ältesten Siedlungszellen Quedlinburgs, einem ursprünglichen Dorf mit dem Namen Quitlingen. Ein großer Teil des Westbaus gilt als Bestandteil der ehemaligen Dorfkirche.

Der im Kern noch aus dem 11. Jahrhundert stammende Westbau ist völlig ungegliedert und zeigt unterhalb des Gesimses vermauerte Rundbogenfenster. Der über dem Gesims sichtbare Teil des Turmwerks ist im frühen 13. Jahrhundert aufgestockt worden. Hier befinden sich Rundbogenfenster mit eingestellten Säulchen (Biforien).

Der eigentliche Kirchenbau wurde auf achteckigem Grundriss und rechteckigem Chor 1713-15 in barocker Form völlig neu errichtet. Die Kircheneingänge in den Langseiten des Achtecks sind als Rundbogenportale mit Pilasterrahmung gestaltet.

Im Innenraum bilden Architektur und Ausstattung, an der bis 1723 gearbeitet wurde, eine Einheit. Die Einwölbung des als Zentralraum zu bezeichnenden Kircheninneren ist als Muldengewölbe mit **Stichkappen** und flachem Mittelfeld ausgebildet. Das Gewölbe hebt sich von den schlichten Umfassungswänden durch eine qualitätvolle Stuckierung hervor.

Integraler Bestandteil des Raums sind die hufeisenförmig positionierten **Emporen** und der schöne barocke **Säulenaltar**. Emporen sind typisch für den protestantischen Kirchenbau der Barockzeit (vgl. Frauenkirche zu Dresden). Hier stand die Predigt im Mittelpunkt des Gottesdienstes.

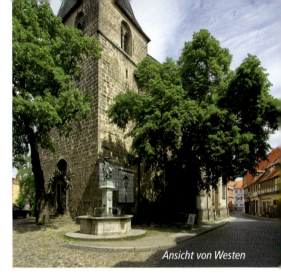

Ansicht von Westen

Barock in Deutschland (ca. 1650-1750)
Das Barock umfasst die Epoche des Absolutismus. Die als *Rokoko* bezeichnete spätbarocke Periode reichte noch bis ca. 1770.
Schlösser und Residenzen waren neben *Kirchen und Klöstern* die wichtigste Bauaufgabe des Barock. Weltliche Macht und christlicher Glaube sollten mit verschwenderischer Pracht zur Geltung gebracht werden.
Die Formensprache beruhte wie die der Renaissance auf klassisch-antiken Elementen. Sie wurden im Barock jedoch *spielerisch* und mit Berechnung auf *größtmögliche Wirkung* eingesetzt.
Der Begriff „Barock" ist portugiesisch und bedeutet „schief" oder „unregelmäßig".

*Marktkirche Quedlinburg
Blick nach Osten*

Quedlinburg, Marktkirche St. Benedikti

Marktplatz und Kirchhof der Altstadt von Quedlinburg sind ein außerordentlich gut erhaltenes Beispiel für ein mittelalterliches Stadtzentrum. Das Rathaus schließt den Markt im Norden ab, dahinter erhebt sich das Turmwerk der Benediktikirche. Die schmalen Häuserzeilen im Umfeld der Kirche sind nach und nach aus Marktständen und -buden hervorgegangen.

Das spätromanische Turmwerk aus dem 2. Viertel des 13. Jahrhunderts ist der älteste erhaltene Teil des Kirchenbaus. Der mächtige Westriegel zeigt eine Blendengliederung und schließt mit zwei Türmen ab. Die unterschiedlichen Turmhelme verleihen dem Bau einen unverwechselbaren Charakter.

Südostansicht

Die Kirche selbst wurde seit der Mitte des 14. Jahrhunderts völlig neu errichtet. Begonnen wurde mit dem wohlproportionierten gotischen Chor im Osten. Sein erst im 15. Jahrhundert eingezogenes **Kreuzrippengewölbe** weist mit den hängenden Lilien im Chorschluss eine Besonderheit auf. In die Gewölbedienste ist ein Figurenzyklus (Apostel, Anbetung der Könige) eingebunden.

Das nach dem Chorbau errichtete Langhaus zeigt im Anschluss an den Chor eine Unregelmäßigkeit, die hier auf die Benutzung der älteren Fundamente zurückgeht. Die Qualität der Chorarchitektur ist mit dem Bau des Langhauses nicht mehr erreicht. Der Hallenraum ist im **Mittelschiff** mit einer **hölzernen Tonne** überwölbt, während die gleich breiten Seitenschiffe flache Balkendecken aufweisen.

Von der Ausstattung ist ein großer spätgotischer Schnitzaltar aus der Zeit um 1500 hervorzuheben. Einen wirkungsvollen Abschluss des Chorraums bildet ein hochbarocker Altar, dessen Architektur stark an eine barocke Kirchenfassade erinnert. Der Entwurf für den 1700 aufgerichteten Altar stammt von Christoph Leonhard Sturm. Er gilt als der bedeutendste Architekturtheoretiker der 1. Hälfte des 18. Jahrhunderts in Deutschland.

Die schöne **Kanzel** aus der Renaissancezeit stammt von 1595. Sie wird von einer Engelsfigur getragen. Der **Schalldeckel** stellt sinnbildlich das himmlische Jerusalem dar.

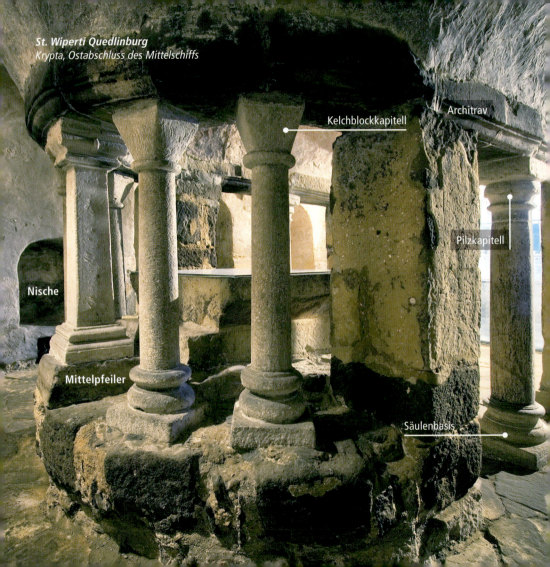

St. Wiperti Quedlinburg
Krypta, Ostabschluss des Mittelschiffs

Quedlinburg, St. Wiperti

Die Wipertkirche ist den Heiligen Wigbert und Jakobus geweiht und befindet sich außerhalb des Stadtkerns im Südwesten des Burgberges. Sie geht auf eine Stiftsgründung im 9. Jahrhundert zurück, die vom Kloster Hersfeld aus erfolgte. In der Umgebung der Kirche befand sich vom 10. bis zum 12. Jahrhundert ein Königshof.

Das 936 vom Burgberg in die Wipertikirche verlegte Kanonikerstift wurde 1146 in ein Prämonstratenserkloster umgewandelt. Während einer Fehde zwischen Graf Albrecht II. von Regenstein und der Stadt Quedlinburg wurden 1336 Kloster und Kirche teilweise zerstört (Turmwerk, Kreuzgang). Nach der Reformation wurde St. Wiperti evangelische Pfarrkirche. Ab 1812 wurde das Gebäude als Scheune des benachbarten Gutshofs genutzt. Seit 1959 dient es als katholisches Gotteshaus.

Mittelschiff nach Osten

Von den frühesten Kirchenbauten ist keine Bausubstanz erhalten. Eine von König Heinrich I. (reg. 919-936) errichtete kreuzförmige Basilika ist archäologisch nachgewiesen.

Die heutige Kirche ist eine dreischiffige Pfeilerbasilika. Das **Mittelschiff** stammt im Wesentlichen aus dem 12. Jahrhundert (nach 1146), während die Seitenschiffe im 14. Jahrhundert errichtet wurden. Ein Querhaus ist nicht vorhanden. Das Mittelschiff und der um 1265 gotisch erweiterte Ostchor sind mit einem eindrucksvollen, offenen Dachwerk überspannt. Wertvollster Teil des Bauwerks ist die leicht eingetiefte **Krypta** am östlichen Ende des Mittelschiffs. Sie wurde um das Jahr 1000 in den damaligen Kirchenbau eingefügt. Die Krypta besteht aus einem Mittelschiff mit halbkreisförmigem Abschluss im Osten. Um das Mittelschiff ist ein gleich hoher Umgang angelegt. Mittelschiff und Kryptenumgang sind von Tonnengewölben mit Gurtbögen überdeckt. In den Außenwänden des Umgangs befinden sich **Nischen**. Mittel- und Seitenschiffe werden im Wechsel von **Säulen** und **Pfeilern** geschieden, wobei die Säulen **Pilzkapitelle** tragen. Das Apsisrund des Mittelraums ist in Säulen mit schlichten **Kelchblockkapitellen** aufgegliedert, in der Mittelachse befindet sich wieder ein Pfeiler. Über Pfeilern und Säulen ruhen die Gewölbe auf horizontalen Steinbalken (**Architrav**).

Das südliche Säulenportal wurde 1959 von der Marienkirche auf dem Münzenberg übertragen und stammt aus dem frühen 13. Jahrhundert.

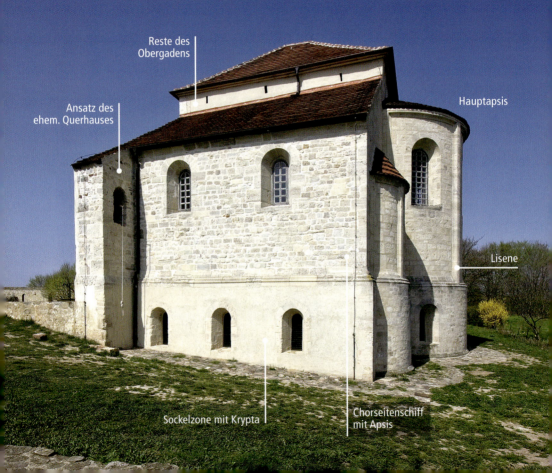

Ermsleben, Konradsburg
Benediktiner-Klosterkirche St. Sixtus

Auf einer das Umland beherrschenden Anhöhe existierte vermutlich bereits im 10. Jahrhundert eine Burganlage. Die Herren von Konradsburg gründeten hier um 1120 ein Kollegiatstift. Dieses wurde 1133 in ein Benediktinerkloster umgewandelt. Nach Aufhebung dieses Klosters 1460 zogen dort 1477 Kartäusermönche ein. Während des Bauernkrieges kam es 1525 zu Zerstörungen. Anschließend wurde die gesamte Anlage bis 1945 als Domäne genutzt.

Die einheitlich im frühen 13. Jahrhundert neu errichtete Klosterkirche ist lediglich als Fragment erhalten. Ursprünglich handelte es sich um eine große dreischiffige Basilika mit **Querhaus** und riegelartigem Westbau. Sie war vermutlich vollständig eingewölbt. Die immer noch bedeutenden Reste des Sakralbaus umfassen das ehemalige Chorquadrat mit den **Chorseitenschiffen**, die im Osten jeweils mit **Apsiden** ausgestattet sind. Der **Obergaden** des Chorraums ist nur noch ansatzweise vorhanden. Ansätze von Gewölben zeigen, dass zumindest die östlichen Bauteile, einschließlich des nicht erhaltenen Querhauses, eingewölbt waren. Die Chorseitenschiffe sind jeweils mit Doppelarkaden vom Hauptchorraum abgeteilt.

Der ehemalige Ostbau birgt eine fünfschiffige **Krypta**, die sich unter Chor und Chorseitenschiffen erstreckt. Sie gehört zu den schönsten ihrer Art im Harzgebiet. Die äußeren Seitenschiffe der Krypta werden durch Pfeiler mit sogenannten Kantensäulchen vom Kernbereich geschieden. Dort ruhen die Kreuzgratgewölbe

Krypta

über z.T. reichgestalteten Säulen mit außerordentlich schöner Kapitellplastik. Die Architektur erinnert an den Kreuzgang von Königslutter, wo eine derartige, auf Norditalien zurückgehende Baugestaltung in der Region erstmals (ab 1135) zu beobachten ist.

Auch am Außenbau zeigt sich die Qualität dieses einst mächtigen Kirchengebäudes. Der über dem nach Osten abfallenden Gelände aufragende, ungegliederte Unterbau beinhaltet die Krypta. Darüber erhebt sich der Chorbau mit den drei Apsiden, die durch schmale, senkrechte Bänder (**Lisenen**) elegant gegliedert sind.

Von den romanischen Klausurgebäuden sind in der heutigen Bausubstanz aus dem 19. Jahrhundert im Ostflügel nur Reste erhalten geblieben.

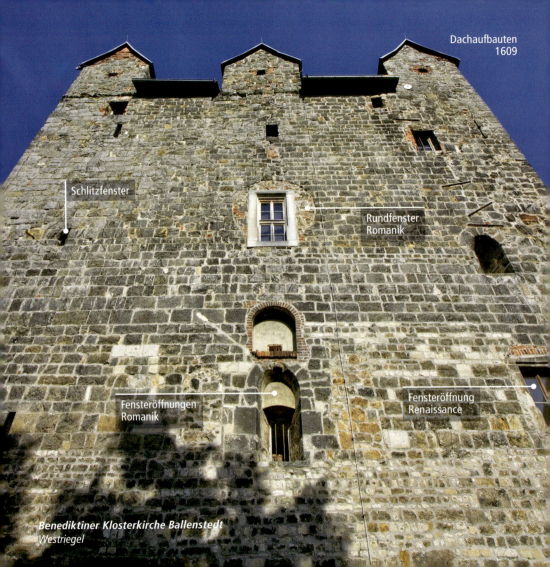

Ballenstedt, Benediktiner-Klosterkirche St. Pankratius und Abundus

Das Wahrzeichen der kleinen anhaltinischen Residenzstadt Ballenstedt ist der weithin sichtbare, wuchtige Westbau der ehemaligen Stifts- und Klosterkirche auf dem Schlossberg.

Ballenstedt wurde 1030 erstmals in einer Urkunde des Grafen Esico, dem Stammvater der Askanier, erwähnt. Seine Schwester war die berühmte Uta, eine der Stifterinnen des Naumburger Doms. Für 1046 ist die Weihe eines Kollegiatstifts belegt. Dieses wurde 1123 von Albrecht dem Bären in ein Benediktinerkloster umgewandelt. Er wählte es 1170 zu seiner Grablege.

Nach der Beschädigung des Klosters im Bauernkrieg errichtete Fürst Wolfgang von Anhalt-Bernburg hier eine Nebenresidenz. Sie wurde im 18. und 19. Jahrhundert weitgehend umgestaltet und mit großzügigen Gartenanlagen umgeben. Der Kernbau des barocken Schlosses von 1748 besetzt genau den Bereich der ehemaligen Klosterkirche. Er stößt im Westen an den monumentalen **Westriegel** des ehemaligen Kirchenbaus. Die Ostfassade des Schlosses wird von einem halbrunden Vorbau bestimmt, der Teile der ursprünglichen **Chorapsis** beinhaltet. Hier befindet sich der Altarraum der barocken Schlosskapelle. Im Ostteil des Schlosses ist darüber hinaus noch ein Teil der romanischen Krypta aus der 2. Hälfte des 12. Jahrhunderts erhalten. Es handelt sich um den im ehemaligen Nordquerarm befindlichen Teil einer einst fünfschiffigen Krypta. Sie stammt aus dem späten 12. Jahrhundert und zeigt reiche Kapitellplastik (vgl. Konradsburg).

Ostansicht des Schlosses mit Chorapsis

Der monumentale Westbau erhebt sich ungegliedert über dem Westhang des Schlossbergs. Die ursprünglichen Türme wurden 1609 durch drei **Dachaufbauten** ersetzt. Der in Hausteinmauerwerk errichtete Westriegel birgt keinen Kircheneingang. Er zeigt nur wenige Öffnungen aus der romanischen Bauzeit, die zudem teilweise vermauert sind. Deutlich ist ein **Rundfenster** sichtbar, es belichtete ursprünglich eine Empore.

1938 wurde innerhalb des Westbaus, in der Nikolaikapelle, die Grablege Albrechts des Bären (um 1100-1170) neugestaltet. Der Askanier Albrecht gründete 1157 die Mark Brandenburg und war ihr erster Markgraf.

Gernrode, Stiftskirche St. Cyriakus

Auf dem Gelände seiner Burg gründete Markgraf Gero, ein Vertrauter Ottos des Großen, 961 ein freies weltliches Damenstift. 1521 erfolgte mit der Reformation die Einführung des lutherischen Gottesdienstes. Das Stift existierte bis 1616.

Mit dem Bau der Stiftskirche St. Cyriakus wurde vermutlich bereits zwei Jahre vor der Stiftsgründung begonnen. 965 wurde Gero nach seinem Tod in der Kirche bestattet. Die Fertigstellung erfolgte wohl noch vor der Jahrtausendwende. Trotz späterer Umbauten und Restaurierungen haben wir hier ein einzigartiges Architekturdenkmal aus der Zeit der sächsischen Kaiser vor Augen.

Es handelt sich um eine flachgedeckte, kreuzförmige Basilika mit der Besonderheit, dass über den Seitenschiffen des Langhauses begehbare **Emporen** angeordnet sind (Emporenbasilika). Die Ostteile der Kirche bieten mit den am Hauptchor und an den Querarmen angefügten **Apsiden** bereits ein typisches Motiv niedersächsisch-romanischer Architektur (siehe Seite 61). Die bis auf ein kleines Kryptafenster geschlossene aufragende Hauptapsis ist mit zwei schlanken Pfeilervorlagen und im oberen Bereich mit einem Gesimsstreifen gegliedert. Über dem Gesims sind die senkrechten Vorlagen halbrund ausgebildet. Die Chorseiten- und Querhausfenster sind als Dreiergruppen in Form stehender Dreiecke angeordnet. Hauptchor und -apsis beinhalten eine niedrige, dreischiffige Krypta.

Das Heilige Grab

in der Stiftskirche Gernrode aus dem späten 11. Jahrhundert ist das älteste erhaltene Heilige Grab nördlich der Alpen.

Die im südlichen Seitenschiff befindliche heilige Stätte sollte das Grab Christi nachbilden. Es besteht aus einer Vorkammer und dem anschließenden, eigentlichen Grabraum. Seine liturgische Funktion lag in der Möglichkeit, Passion und Auferstehung plastisch nachzuvollziehen. Dementsprechend sind sie Wandflächen mit kunsthistorisch bedeutenden Reliefszenen versehen.Sie zeigen Motive aus der Leidens- und Auferstehungsgeschichte Christi nach dem Johannes-Evangelium.

Prägend für den Innenraum der Kirche ist das Langhaus mit dem in drei Etagen gegliederten Wandaufbau der Längswände. Im Erdgeschoss werden die Seitenschiffe von jeweils zwei Doppelarkaden mit Säulen abgeteilt, die in der Mitte über einem Pfeiler ruhen. Damit ist ein **Stützenwechsel** (Pfeiler-Säule-Pfeiler) vorhanden. Über den Seitenschiffen öffnen sich die Emporen mit Arkadenreihen. Diese sind wieder durch Mittelpfeiler in jeweils zwei Gruppen zu sechs Bogenöffnungen untergliedert. Mit ihren Arkadenbögen sind die Sechsergruppen augenscheinlich in je drei Doppelarkaden unterteilt. Die **Obergaden**fenster nehmen dagegen keinerlei Achsenbezug zu den Arkaden im Erd- und Emporengeschoss.

Südansicht mit Kreuzgang

Eine solch differenzierte Wandgliederung lässt bereits Gestaltungelemente der späteren, voll ausgebildeten romanischen Architektur erscheinen. Dazu gehört auch die konsequente Gliederung des Gesamtraums in die Hauptbestandteile Mittelschiff, Vierung, Querarme und Chor mit großen Bogenstellungen (Scheidbögen) auf Wandvorlagen. In den Details werden insbesondere bei den Säulenkapitellen und den Kämpfersteinen, die als Bogenauflager über den **Kapitellen** dienen, antike und auch byzantinische Motive erkennbar.

An das Langhaus schließt im Westen ein schmaler Raumbereich (**Westjoch**) an, der zum Westchor mit seiner **Krypta** vermittelt. Seine Seitenschiffbereiche weisen ebenfalls Emporen auf. Die Westansicht der Stiftskirche wird von einer Chorapsis und zwei flankierenden **Rundtürmen** geprägt. Die Oberteile der ottonischen Rundtürme zeigen eine bemerkenswerte Gliederung durch flache vertikale Wandstreifen (**Lisenen**) mit einer umlaufenden Giebelreihe. Während die Rundtürme weitgehend noch auf die Kernbauzeit im 10. Jahrhundert zurückgehen, sind der Westchor und seine Krypta um 1130/50 neu errichtet worden. Sie ersetzen ein ursprüngliches Westwerk, das als massiver Quadratturm mit den begleitenden Rundtürmen ein geradezu wehrhaftes Erscheinungsbild geboten haben muss. Das Westwerk beinhaltete ebenfalls eine Empore. Mit dem Chor-Neubau wurden die Rundtürme erhöht und der dazwischen aufgespannte **Westriegel** errichtet. Gleichzeitig entstanden im 12. Jahrhundert die Emporen in den Querarmen des Ostbaus.

Nach der Erneuerung der Westanlage entstand in der 2. Hälfte des 12. Jahrhunderts der noch erhaltene Bestandteil des im Süden angeordneten **Kreuzgangs**. Er schließt mit zwei Stockwerken an den Kirchenbau an und bietet mit den darüber gestaffelten Dachflächen und der Mittelschiff-Fensterwand der Kirche (Obergadenzone) ein beeindruckendes Architekturbild.

In den Jahren 1858-72 erfolgte nach Plänen des preußischen Konservators, Ferdinand von Quast, eine umfassende Restaurierung. Sie schuf mit den Wand- und Deckenmalereien sowie einer historisierenden Ausstattung eine neue Zeitschicht. Im Zuge einer 1907-10 vorgenommenen Wiederherstellung wurde u.a. der Westbau mit den Rundtürmen weitgehend erneuert.

Stiftskirche Gernrode
Langhaus nach Westen

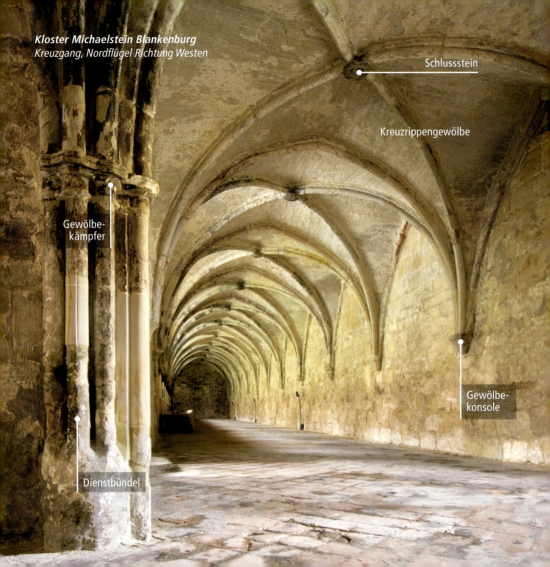

Blankenburg
Zisterzienserkloster Michaelstein

Dieses Zisterzienserkloster wurde zwar 1146 gegründet, jedoch erst in den Jahren um 1160 an die heutige Stelle verlegt. Wie viele Harzklöster, ist auch Michaelstein während des Bauernkrieges verwüstet worden. 1544 führten die Blankenburger Grafen die Reformation ein. Im 18. Jahrhundert dienten Teile des Klosters als Priesterseminar und zu Wirtschaftszwecken. Die einstige Klosterkirche war nun bereits verfallen und abgebrochen. Heute ist Michaelstein in die Stiftung Dome und Schlösser in Sachsen-Anhalt überführt und beherbergt die Musikakademie Sachsen-Anhalt.

Die ehemalige Zisterzienserkirche bildete den nördlichen Abschluss der Klausur. Es handelte sich vermutlich um eine kreuzförmige, flachgedeckte Pfeilerbasilika. An die Querhausarme schlossen jeweils zwei Kapellen an, die den Hauptchor flankierten. Chorraum und Kapellen waren jeweils mit einer Apsis ausgestattet.

Muss man den Verlust des Kirchenbaus bedauern, so erfreut die Erhaltung der bedeutenden mittelalterlichen Klausurgebäude. Sie legen sich in einem Rechteck um den weiträumig angelegten **Kreuzgang**. Ost- und Südflügel stammen aus der 2. Hälfte des 12. Jahrhunderts. Hier befinden sich die hochrangigen Klausurräume, die in ihrer Abfolge dem klassischen Schema eines Zisterzienserklosters entsprechen. Der Ostflügel stieß ursprünglich an das Südquerhaus der Klosterkirche. Er beinhaltet, von Nord nach Süd gesehen, die Sakristei, den Kapitelsaal und weitere Gewölberäume. Ein Durchgang führt in den **Klostergarten**. Im Südflügel befinden sich am Ostende das ehemalige Calefaktorium

Zisterzienserorden
(lat. Ordo Cisterciensis)

Seinen Namen verdankt der Orden seinem Mutterkloster in Cîteaux (lat. Cistercium, dt. Zisterze). Der Benediktinermönch Robert von Molesme gründete dort 1098 zusammen mit 20 weiteren Mönchen ein Reformkloster. Die Intention der Reform bestand in der Rückkehr zu den Grundregeln des heiligen Benedikt. Eine Ordensneugründung war nicht ihre Absicht. Die Lebensweise im Kloster Cîteaux unterschied sich jedoch stark von derjenigen in anderen Benediktinerklöstern. Schließlich entwickelte sich von hier aus der erste zentralistisch organisierte Mönchsorden Europas.

Charakteristisch für Zisterzienserklöster ist eine abgeschiedene Lage. Nach dem Gebot „ora et labora" (bete und arbeite) leisteten die Zisterzienser häufig Pionierarbeit in der Erschließung von Kulturland. Für die Handarbeit wurden meist sogenannte Laienbrüder eingesetzt.

Die Marienverehrung und das Leben in der Klausur sind wichtige Bestandteile der Spiritualität der Zisterzienser. Darüber hinaus stehen die Traditionen einer einfachen und strengen Lebensweise mit Chorgebeten im Mittelpunkt.

Das Gewand der Zisterzienser besteht aus einer weißen oder grauen Tunika (Untergewand), einem schwarzen Skapulier (Schulterkleid) und einem Gürtel. Zu Gottesdiensten wird über der Alltagskleidung eine weiße Kukulle (Obergwand) getragen.

Klostergarten

(Wärmestube) und dann das Refektorium (Speisesaal). Die daran ursprünglich ganz im Westen anschließende Klosterküche ist mit dem Umbau des Westflügels in der Barockzeit verschwunden.

Im **Kapitelsaal** werden die **Kreuzgratgewölbe** von zwei **Säulen** mit reichgestalteten **Kapitellen** und **Kämpfer**steinen getragen. Die Kapitellplastik und die Friese an den Kämpferblöcken stehen in der Nachfolge des Kaiserdoms in Königslutter und dem dortigen Kreuzgang. Die Bauplastik der Säulen im zweischiffigen und ebenfalls kreuzgratgewölbten Refektorium ist schlichter ausgebildet. Dies dokumentiert die unterschiedliche Bedeutung der Raumbereiche in der Hierarchie eines mittelalterlichen Klosters.

Die Bausubstanz des Kreuzgangs stammt aus der Zeit um 1270. Er weist mit seinen **Kreuzrippengewölben** und Spitzbogenöffnungen zum Kreuzganghof die Merkmale frühgotischer Architektur auf. Die **Gewölbekonsolen** zeigen schöne Bauplastik auch aus dieser Epoche. In der Nordostecke des Kreuzganghofes befindet sich die sogenannte Abtskapelle. Daran anschließend wurde dem nördlichen Kreuzgangflügel später, wohl in der Neuzeit, ein weiterer flachgedeckter Gang vorgelagert.

Mit dem Umbau des Westflügels ist dort 1718-20 eine barocke Kirche eingefügt worden. Diese Emporenkirche ist unter Beteiligung des Baumeisters Hermann Korb entstanden. Nach seinen Entwürfen wurde auch das Blankenburger Schloss barock umgestaltet.

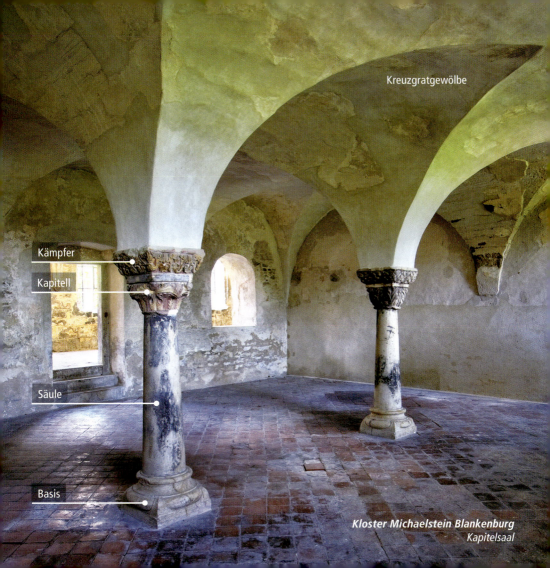

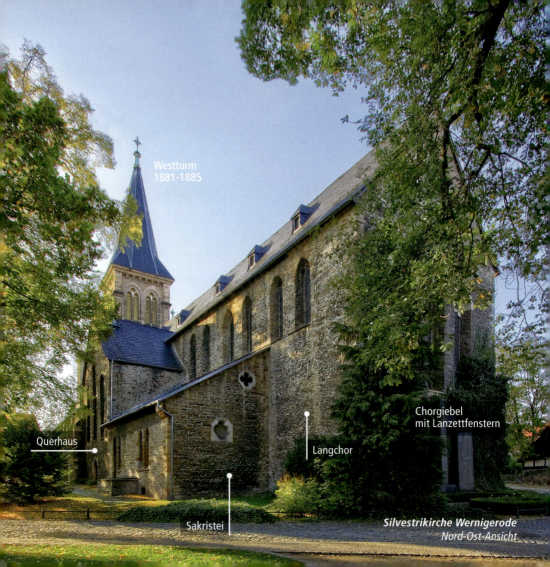

Silvestrikirche Wernigerode
Nord-Ost-Ansicht

Wernigerode, Oberpfarrkirche St. Sylvestri

In einer reizvollen, von zahlreichen Fachwerkbauten aus verschiedenen Epochen geprägten Umgebung befindet sich der größte und bedeutendste Kirchenbau Wernigerodes, die Sylvestrikirche.

Das Stadtquartier um die Sylvestrikirche ist eine Keimzelle Wernigerodes. Der Ort und sein Name gehen bereits auf das 9. Jahrhundert zurück. Damals legten Missionare aus dem Kloster Corvey an der Weser während der Amtszeit von Abt Warin eine erste Siedlung an und nahmen Rodungen vor.

St. Sylvestri wurde 1230, ein Jahr nach der Verleihung des Stadtrechts an Wernigerode, erstmals als eine dem Hl. Georg geweihte Kirche erwähnt. In dem Gotteshaus wurde 1265 ein Chorherrenstift eingerichtet, das als Grablege für die Grafen von Wernigerode vorgesehen war. Der Kirchenbau ist eine dreischiffige Basilika mit **Querhaus** und einem außerordentlich **langen Chor**. Ursprünglich wies St. Sylvestri im Westen eine Doppelturmfront auf.

Mittelschiff und Nordquerhaus

Zum ältesten, frühgotischen Baubestand aus der 1. Hälfte des 13. Jahrhunderts gehören das Langhaus und die Vierung mit den Querarmen. In der Hauptachse fehlen die einstigen Vierungsbögen, so dass sich die flache Decke über dem Mittelschiff von Westen bis in den Chor durchzieht. Die Seitenschiffe sind ebenfalls flach gedeckt. Dagegen zeigen die Querarme, welche niedriger als das Mittelschiff sind, hölzerne Tonnenwölbungen. Derartige Gewölbe überspannten ursprünglich auch Mittelschiff und Chor. Der Chor wurde nach der Einrichtung des Chorherrenstifts (1265) neu errichtet, um Platz für das regelmäßige Gebet und die Messen der Chorherren zu schaffen. Er schließt im Osten gerade ab und zeigt dort drei gestaffelt angeordnete, schlanke Spitzbogenfenster (gotische **Lanzettfenster**). Entsprechende Fenstergruppen sind auch an den Giebelseiten der Querarme vorhanden.

Während eines Umbaus um 1500 entstanden die Spitzbogenarkaden zwischen dem Langhaus und den Seitenschiffen. In der ursprünglichen Situation waren die Arkaden niedriger und vermutlich mit Zwischensäulen unterteilt. Die heutige Gestalt des Außenbaus wird durch die Bautätigkeit von 1881-85 geprägt. Die ehemalige Doppelturmfront wurde im Sinne des Historismus durch den neogotischen **Westturm** ersetzt.

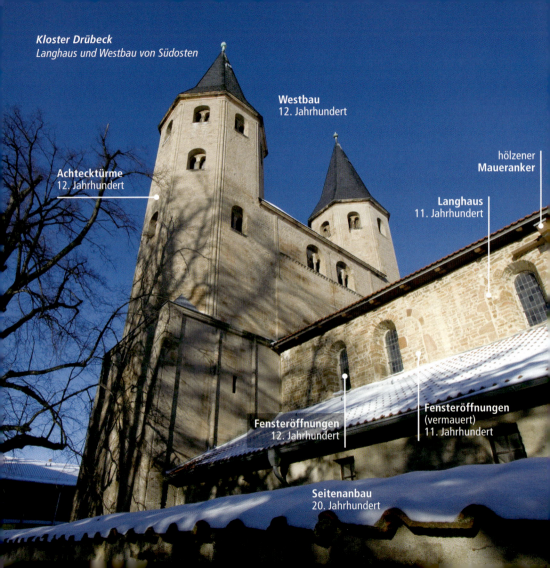

Kloster Drübeck
Langhaus und Westbau von Südosten

Drübeck, Benediktinerinnen-Klosterkirche St. Vitus

Zu den ältesten Kirchenbauten des Landkreises gehört die mit ihrer Doppelturmfront weithin sichtbare, ehemalige Benediktinerkirche in Drübeck. Während das Kloster erstmals 960 erwähnt wurde, geht die früheste Baunachricht auf das Jahr 1004 zurück. Bedeutende Umbauten in der Zeit um 1170 hinterließen den markanten **Westbau** und veränderten auch den östlichen Chorbereich. Eine damals geplante Einwölbung kam nicht zur Ausführung. Auch Drübeck wurde während des Bauernkrieges 1525 in Mitleidenschaft gezogen. Die Grafen von Stolberg-Wernigerode richteten hier 1732 ein evangelisches Damenstift ein. Seit 1946 ist das Kloster Erholungsheim und Tagungsstätte. Restaurierungen erfolgten 1850, 1877 (besonders am Westbau), 1953 und nach 1990.

Der Kirchenbau aus der 1. Hälfte des 11. Jahrhunderts stellt sich als flachgedeckte Basilika mit einem östlichen Querhaus und Choranlagen im Westen und Osten dar. Die Langhauswände zeigen einen **rheinischen Stützenwechsel**. Von Pfeiler zu Pfeiler sind **Blendbögen** gespannt, welche die Säulenarkaden zusammenfassen. Diese Wandgestaltung geht auf den 992 geweihten, ottonischen Halberstädter Dom zurück und findet sich auch in der Benediktinerkirche Huysburg. Die Kapitelle der gedrungenen, aus Hausteinen aufgemauerten Säulen erinnern an korinthische Kapitele und belegen ein Weiterleben antiker Formen.

Das nördliche Seitenschiff und das Nordquerhaus sind nicht erhalten. Das südliche Seitenschiff wurde im 20. Jahrhundert neu errichtet.

Benediktinerorden
(lat. Ordo Sancti Benedicti)

Der Benediktinerorden gilt als ältester Orden des westlichen Ordenslebens. Der Heilige Benedikt von Nursia (480-547) ist Begründer des christlichen Mönchtums im Westen und Namensgeber dieses Ordens.

Aus dem Leitsatz der Benediktiner „ora et labora et lege" („bete und arbeite und lies") ist zu entnehmen, dass das Gebet in der Gemeinschaft an erster Stelle des Zusammenlebens steht. Die Arbeit und die Bildung ordnen sich dem Gottesdienst unter. In den Regeln sind acht Gebete am Tag vorgesehen.

Im Leben das "rechte Maß" zu finden, bildet darüber hinaus einen zentralen Wert. Eine wichtige Eigenschaft der Benediktiner ist der Gehorsam gegenüber Gott und den Mitmenschen.

Da nach Benedikt "Das Nichtstun der Feind der Seele ist", bietet körperliche Arbeit den nötigen Ausgleich zu den Gebeten und sichert gleichzeitig den Lebensunterhalt der Mönche. Landwirtschaft und Weinanbau sowie Brautradition und Herstellung von Likören sind noch heute Pfeiler des klösterlichen Wirtschaftslebens.

Die Ausstattung der Mönche setzte sich aus Kukulle, Tunika, Socken, Schuhe, Gürtel, Messer, Griffel, Nadel, Tuch und Schreibtafel zusammen - streng nach einem Satz der Apostelgeschichte: „Jedem wurde so viel zugeteilt, wie er nötig hatte."

*Ostansicht der Klosterkirche,
Blick aus den Gärten der Stiftsdamen*

Um 1170 entstand die gestaltprägende Doppelturmfront, während der östliche Chor ebenfalls umgebaut und das Langhaus zur Einwölbung vorbereitet wurde. Letzteres erkennt man an den im Hauptschiff angebrachten **Gewölbevorlagen**, die über den Arkadenpfeilern ansetzen und mit Kantensäulchen und reichgestalteten Konsolen ausgestattet sind. Sie enden unvermittelt unterhalb der Obergadenfenster. Diese Fenster wurden neu angelegt, um sie mit ihrer nun paarweisen Gruppierung auf die Gewölbe abzustimmen. Am Außenbau ist gut zu erkennen, dass dort vorher andere Fensteröffnungen in gleichmäßiger Reihung vorhanden waren. Den Ostchor veränderte man durch Verlängerung und fügte ihm flankierende Seitenschiffe zu. Unter der Choranlage wurde nun eine fünfschiffige Krypta errichtet.

Das Hauptaugenmerk liegt bei dem spätromanischen Umbau auf dem Westbau. Er zeigt sich als klassischer Vertreter eines sächsischen Westriegels mit zweitürmigem Aufbau. Über dem kantigen Unterbau des Westriegels erheben sich die **achteckigen Türme,** zwischen den Türmen ist eine Glockenstube eingespannt. Der Unterbau zeigt eine enge Gliederung mit Rundstäben sowie eine **Westapsis**, welche den hier weiterhin bestehenden Chor abschließt.

Ein reizvoller Bestandteil der Gesamtanlage des Klosters sind die im 18. Jahrhundert angelegte **Gärten der Stiftsdamen** und ihren Gartenhäuschen.

südliches Seitenschiff

Kreuzgratgewölbe

Würfelkapitell

Westbau

Einfacher Stützenwechsel

Estrichboden mit Ritzzeichnungen

Kloster Ilsenburg
Langhaus, Blick nach Westen

Ilsenburg, Klosterkirche St. Peter und Paul

Das in den ersten Jahren des 11. Jahrhunderts gegründete Benediktinerkloster nimmt die Stelle einer ehemaligen Reichsburg des 10. Jahrhunderts ein. Unter Abt Herrand entwickelte sich Ilsenburg in der 2. Hälfte des 11. Jahrhunderts zu einem Vorort der Klosterreform. 1525 wurde die Klosteranlage im Bauernkrieg beschädigt. Anschließend gelangte sie in den Besitz der Grafen von Stolberg-Wernigerode.

Die Klosterkirche ist unter Abt Herrand von 1078-87 neu errichtet worden. Trotz der Verstümmelungen, besonders im 16. Jahrhundert, lässt sich ein guter Eindruck des hochromanischen Baus gewinnen. Es handelte sich um eine kreuzförmige Basilika mit flachen Decken und einem einfachen Stützenwechsel im Langhaus. Im Westen war ein Westriegel aufgebaut. Der heute stark veränderte Chor war mit Seitenschiffen ausgestattet. Hauptchor und Seitenschiffe waren mit Apsiden in einer Flucht abgeschlossen. Es handelt sich um ein sehr frühes Beispiel für eine dreischiffige Choranlage im Sinne der Hirsauer „Reformarchitektur".

Südansicht

An der Südseite ist das **Seitenschiff** und somit die entsprechende Langhausarkade mit ihrem **Stützenwechsel** erhalten. Die weiten Bogenstellungen mit den mächtigen Pfeilern und den aus Hausteinen aufgemauerten Säulen mit ihren **Würfelkapitellen** bieten einen einfach-monumentalen Eindruck. Der **Westbau** tritt im Langhaus mit drei Blendbiforien (Doppelfenstern) in Erscheinung. Er war ursprünglich wohl mit einer Empore ausgestattet. Vor dem Westriegel war eine rechteckige Vorhalle angeordnet.

Hirsauer Bauschule

Das 1059 im Nordschwarzwald gegründete Kloster Hirsau war ein Stütz- und Ausgangspunkt klösterlicher Reformen. Diese gründeten in der großen Reformbewegung, welche von dem burgundischen Kloster Cluny ausgingen. Wichtiger Aspekt der Reform war die Unabhängigkeit der Klöster von weltlicher Herrschaft und die Rückkehr zu den Idealen des benediktinischen Mönchtums.

Die Architektur der von Hirsau ausgehenden Reformklöster besticht durch eine klare Formensprache und eine gediegene handwerkliche Ausführung. Monumentale Turmwerke und aufwändige Krypten entfielen. Charakteristisch sind flachgedeckte Basiliken, bei denen der Hauptchor von Chorseitenschiffen flankiert ist.

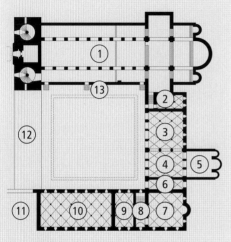

1. Kirche
2. Sakristei
3. Raum unbestimmter Funktion, evtl. zum Kapitelsaal gehörig
4. Kapitelsaal
5. Marienkapelle
6. Durchgang zum Klostergarten
7. Kalefaktorium (Wärmestube)
8. Aufgang zum Dormitorium
9. Remter (Anrichteraum)
10. Refektorium (Speisesaal)
11. Back-, Bade- oder Brauhaus
12. ehem. Wirtschaftsgebäuder (abgetragen)
13. Kreuzgang

Im späten 12. Jahrhundert wurde der Kirchenbau eingewölbt. Das Kreuzgratgewölbe im Südseitenschiff ist erhalten. Aus dieser Zeit stammt auch der **Estrichboden** im Kirchenschiff mit seinen einzigartigen **Ritzzeichnungen**. Sie sind farbig hinterlegt und zeigen u.a. lebendige Tierdarstellungen. Mit einem Umbau des Westbaus wurde im frühen 13. Jahrhundert ein neues Hauptportal eingefügt. Es handelt sich um ein heute fragmentarisch erhaltenes Säulenportal. Das Bogenfeld (Tympanon) zeigt eine in Stuck ausgeführte Salvatorfigur, flankiert von den Johannes dem Täufer und dem gleichnamigen Evangelisten.

Nach den Abbrüchen der nördlichen Gebäudeteile (1573) wurde im Mittelschiff ein niedrig angesetztes **Kreuzgratgewölbe** eingezogen. Der Chor erhielt seinen polygonalen Abschluss. Im 17. Jahrhundert wurden hier ein prächtiger Barockaltar (1706) und eine bemalte Holztonnendecke eingefügt.

Von hohem Rang sind die beiden erhalten gebliebenen Flügel der Klausur. Kreuzgang und Westflügel bestehen dagegen nicht mehr. Ost- und Südflügel stammen aus der Mitte bzw. der 2. Hälfte des 12. Jahrhunderts und dokumentieren in einzigartiger Weise die Raumfolge einer romanischen Klosteranlage. Die Erdgeschossräume sind sämtlich mit **Kreuzgratgewölben** versehen. Die Bauplastik reicht von gediegenen **Würfelkapitellen** (Ostflügel) bis zu reichgestalteten Säulenschäften und Kapitellen im Refektorium. Vor der Ostfassade sind die Fundamente der nicht erhaltenen Marienkapelle sichtbar. Im Obergeschoss sind die Fenster des Dormitoriums (Schlafsaal) erhalten.

Osterwieck, Stephanikirche

Die Hauptpfarrkirche der Fachwerkstadt Osterwieck lebt von dem reizvollen Gegensatz zweischen der wuchtigen Turmfront und dem spätgotischen Kirchenschiff mit seinem hohen Dach. Das Kirchenschiff zeigt den stimmungsvollen Kirchplatz mit seinen reichgestalteten Portalen eine repräsentative Fassade.

Der monumentale **Westbau** beherrscht das Stadtbild und stammt aus der Mitte/ 2. Hälfte des 12. Jahrhunderts. Die spitzen Turmhelme sind gotisch. Das romanische Turmwerk deutet auf zwei Bauperioden hin. Der klotzige Unterbau mit seinem Westportal weist eine senkrechte Gliederung mit Halbrundstäben und Kantenlisenen (Wandstreifen) auf. Die Gliederung endet unvermittelt am Ansatz der Turmschäfte und der dazwischengespannten Glockenstube. Sie sind augenscheinlich nach einem Planwechsel errichtet. Die Fensteröffnungen des Westbaus sind mit doppelten oder dreifachen Säulen-Bogenstellungen ausgestattet.

In Folge eines Stadtbrandes im Jahr 1511 erfolgte ein einheitlicher Neubau von Kirchenschiff und **Chor**. Nachdem der einschiffige Chor bereits 1516 vollendet war, konnte das dreischiffige Hallenlanghaus erst 1562 geweiht werden. Die spätgotische Hallenkirche zeigt einen außerordentlich weiten Raumquerschnitt, der in den Proportionen schon auf den Einfluss der Renaissance deutet. Mittelschiff und Seitenschiffe werden durch Spitzbogenarkaden mit **Achteckpfeilern** geschieden. Pfeiler und Bogen dieser **Scheidbögen** sind mit zahlreichen Flachreliefs, bestehend aus Pflanzenmotiven und Wappen, geschmückt. Auffällig ist eine große Fülle von Steinmetzzeichen. Die auf der südlichen Platzseite vorhandenen Portale zeigen mit dem Stab- und Astwerk der Portalrahmungen eine Formensprache spätester Gotik.

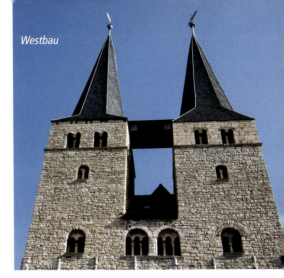
Westbau

Der wertvolle Schnitzaltar im Chorraum stammt noch aus dem 15. Jahrhundert. Die übrige Ausstattung wurde weitgehend nach der Reformation geschaffen und gehört in die Renaissancezeit. Dazu gehören die **Nordempore** (1575), die Kanzel und ein prächtiges Chorgestühl (um 1620). Der Einbau von Emporen ist typisch für die Zeit nach der Reformation (vgl. Blasiikirche Quedlinburg). Orgel und Orgelempore stammen aus der Barockzeit.

Huysburg, Benediktinerkloster St. Marien

Auf dem Huy, einem Höhenzug im Norden von Halberstadt, gründete Bischof Burchard II. 1084 ein Benediktinerkloster. Auch diese Klosteranlage erlitt während des Bauernkriegs 1525 Beschädigungen. Sie betrafen jedoch in erster Linie die Klausur- und Wirtschaftsgebäude. Die stilistisch am Übergang von der Früh- zur Hochromanik angesiedelte Klosterkirche ist gut erhalten.

Die Weihe der Klosterkirche ist für 1121 überliefert. Es handelt sich um eine kreuzförmige Basilika mit Chorräumen im Osten und innerhalb des **Westbaus**. Doppelturmfront und Außenbau sind völlig ungegliedert. Kirchenschiff, Ostchor und **Querhaus** werden von großen Rundbogenfenstern belichtet. Der Hauptchor wurde vermutlich noch während des Bauverlaufs nach Osten verlängert. Ein Hinweis darauf ist der **Gurtbogen**, der entsprechend den **Vierungsbögen** über den vorderen Chorbereich gespannt ist. Der ungewöhnlich langgestreckte Ostchor schließt mit einer halbrunden Apsis ab. Die ursprünglichen Nebenapsiden der Querarme sind nicht erhalten. Die Apsis des Westchores ist innerhalb des Westbaus angelegt.

Das **Langhaus** wird vom Wandaufbau der Mittelschiffswände geprägt. Die Wände öffnen sich mit jeweils drei doppelten Bogenstellungen im **rheinischen Stützenwechsel** über Pfeilern und Säulen zu den **Seitenschiffen**. Der Stützenwechsel ist hier wie in Drübeck und im Vorgängerbau des Halberstädter Doms mit von Pfeiler zu Pfeiler gespannten **Überfangbögen** gekennzeichnet. Die Kapitelle der schlan-

Die Straße der Romanik

ist Teil der Transromanica. Die durch Deutschland, Österreich, Italien und Slowenien führende Transromanica wurde vom Europarat 2006 zur europäischen Kulturstraße ernannt.

Im Mai 1993 wurde die durch Sachsen-Anhalt führende Straße der Romanik durch den damaligen Bundespräsidenten Richard von Weizsäcker eröffnet. Sie verbindet zumeist sakrale Bauten aus der Zeit zwischen 960 und 1200. Gegliedert in eine Nord- und eine Südroute umfasst die Straße der Romanik momentan ca. 70 Orte. Den Verbindungspunkt beider Touren bildet das Kloster Unser Lieber Frauen in Magdeburg.

Auf der Nordroute liegen beeindruckende Backsteinbauten wie z.B. das Prämonstratenserstift in Jerichow, die Lorenzkirche in Salzwedel oder der Dom St. Marien in Havelberg. Die durch norddeutsche Einflüsse geprägten Bauten erheben sich monumental aus der Ebene. Auf der südlichen Route, entlang des Harzes, befinden sich nicht minder imposante Bauten: die Stiftskirche St. Servatii in Quedlinburg, der Naumburger Dom oder die Liebfrauenkirche in Halberstadt.

ken Säulen sind korinthisierend, somit also an einer der antiken Säulenordnungen orientiert. In der vor- und frühromanischen Architektur ist das Nachleben antiker Formen häufiger zu beobachten. Dies ist u.a. in Gernrode, Drübeck oder im karolingischen Westwerk in Corvey an der Weser aus dem 9. Jahrhundert ("karolingische Renaissance") zu beobachten. Der lange Ostchor wird an der Nordseite von einer Sakristei mit Kreuzgratgewölben flankiert, der heutigen Marienkapelle.

In den Seitenschiffen sind nachträglich Kreuzgratgewölbe eingezogen worden. Im späten 15. Jahrhundert wurden sämtliche Kirchendächer erhöht und die spitzen Turmhelme errichtet. Die Eingangssituation der Kirche vom Klosterhof erhielt 1756 eine spätbarocke **Vorhalle**.

Im Barock wurde eine einheitlich erscheinende Neuausstattung des Kirchenraums vorgenommen. Die flachen Holzdecken sind mit Deckenbildern versehen. Der in die romanische Apsis eingefügte Hochaltar ist mit seiner entsprechend geschwungenen Säulenarchitektur ein schönes Beispiel spätbarocker Raumgestaltung. Das Altargemälde zeigt Mariae Aufnahme in den Himmel. Vor den östlichen Vierungspfeilern sind Seitenaltäre platziert. Die Orgel ist an der ebenfalls geschwungenen Orgelempore mit 1767 datiert. Aus dieser Zeit stammt auch die Kanzel am nordwestlichen Vierungspfeiler

Die Klausurgebäude wurden 1825 zu großen Teilen abgebrochen. Der Kreuzgang befand sich ursprünglich im Südosten der Kirche und war an den Hauptchor angeschlossen. Reste des im 15. Jahrhunderts spätgotisch um- bzw. neugebauten Kreuzganges sind im Nordflügel erhalten. Ein Teil des romanischen Südflügels ist durch neue Gebäudeteile wieder mit der Klausur verbunden. Im Obergeschoss befindet sich das ehemalige Refektorium (Speisesaal), ein eindrucksvoller, zweischiffiger Gewölberaum mit bemerkenswert gestalteten Kapitellen.

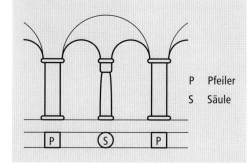

Rheinischer Stützenwechsel
Pfeiler - Säule - Pfeiler

P Pfeiler
S Säule

Von den übrigen Klostergebäuden sind das hübsche barocke Torgebäude in der südwestlichen Ecke des Klosterhofs und das sogenannte "Neue Gebäude" bemerkenswert. Das Neue Gebäude von 1746 schließt den Hof im Süden ab. Es ist in barocker Manier symmetrisch gestaltet und besitzt einen Mittelrisaliten mit geschweiftem Giebel.

Nach der 1804 erfolgten Säkularisation entstand auf dem Kloster eine Domäne. Sie gelangte 1823 in Besitz derer von dem Knesebeck und wurde 1949 enteignet. Hier wurden bis 1998 alte und behinderte Menschen gepflegt. 1952 richtete das Erzbistum Paderborn ein Priesterseminar ein. Seit 1972 besteht wieder ein Benediktinerkonvent. Huysburg war somit das einzige Benediktinerkloster der ehemaligen DDR.

Der Ort ist heute geprägt vom Zusammenklang von Kloster, Pfarrei, Wallfahrt, Tagungs- und Gästehaus, Café und Laden.

Kloster Huysburg
Mittelschiff nach Osten

Literatur (Auswahl)
- Boeckh, Margit; Kaps, Sebastian:
  Die Straße der Romanik, Halle 2006
- Brinkmann, Adolf:
  Beschreibende Darstellung der älteren Bau- und Kunstdenkmäler des Kreises Stadt Quedlinburg
  Teil 1 Berlin 1922, Teil 2 Magdeburg 1923
- Dehio
  Handbuch der deutschen Kunstdenkmäler:
  Sachsen-Anhalt I, Berlin/München 2002
- Dehio
  Handbuch der deutschen Kunstdenkmäler:
  Sachsen-Anhalt II, Berlin/München 1999
- Deutsche Stiftung Denkmalschutz (Hrsg.):
  Romanik in Sachsen-Anhalt, Bonn 2002
- Denkmalverzeichnis Sachsen Anhalt:
  Landkreis Halberstadt, Halle 1994
- Denkmalverzeichnis Sachsen Anhalt:
  Stadt Quedlinburg, Halle 1998
- Findeisen, Peter:
  Halberstadt, Dom, Liebfrauenkirche und Domplatz, Königstein 1997
- Flemming, Johanna:
  Dom und Domschatz zu Halberstadt, Leipzig 1990
- Kühn, D./Felix, H.:
  Klosterkirche Drübeck, Berlin 1983
- Leopold, Gerhard/Schubert, Ernst:
  Der Dom zu Halberstadt bis zum gotischen Neubau, Berlin/Weinheim 1984
- Mrusek, Hans-Joachim:
  Drei deutsche Dome, Quedlinburg, Magdeburg, Halberstadt, Dresden 1963
- Niedersächsisches Ministerium für Wirtschaft, Technologie und Verkehr (Hrsg.):
  Wege in die Romanik, Hannover 1993
- Schenkluhn, Wolfgang:
  Halberstadt, Dom und Domschatz, Halle 2002
- Scholke, Horst:
  Romanische Architektur am Harz, Leipzig 1987
- Schubert, Ernst:
  Stätten sächsischer Kaiser
  Leipzig/Jena/Berlin 1990
- Schütz, Bernhard/Müller, Wolfgang:
  Deutsche Romanik, Freiburg/Basel/Wien 1989
- Thies, Harmen (Hrsg.):
  Romanik in Niedersachsen, Braunschweig 1997
- Wulff, Walter:
  Romanik in der Königslandschaft Sachsen
  Würzburg 1996

Bildnachweis:
- Seiten 2-3, 5:
  Niebelschütz, Ernst von: Der Harz
  Berlin 1939

Eine vollständige Titelliste aller bisher erschienen Architekturführer finden Sie unter: **www.kotyrba.net**